CW01667927

Antoine Lebègue

Visiter
Saint-Émilion

Photographies de Pascal Moulin

ÉDITIONS SUD OUEST

Juché sur un tertre mais caché au creux d'une combe, Saint-Émilion réussit toujours à surprendre le voyageur : de quelque côté qu'il arrive, il le voit jaillir soudainement au-dessus des vignes.

Il n'est même pas besoin de pénétrer dans la ville pour deviner qu'un savant équilibre s'est établi entre la roche, la plante et les maisons. À croire qu'un pacte secret a été conclu entre l'homme et la nature. Comme l'a noté Henri Enjalbert, le visiteur se trouve d'un coup en face de « l'une des très rares réussites – dix ou douze en tout – qui font modèle chaque fois qu'une suprême harmonie se trouve établie entre les activités économiques et le cadre de vie ».

Ici, de la ville au vignoble, tout semble aller de soi. Même les monuments les plus étonnants, comme l'église monolithe et son haut clocher isolé, deviennent normaux. Ils coulent d'évidence, à l'égal de ces immenses carrières souterraines (70 hectares) aujourd'hui remplies de barriques et de bouteilles dont les étiquettes portent les noms de quelques-uns des plus prestigieux crus du Bordelais.

L'harmonie entre le minéral, le végétal et l'homme compose un « paysage culturel » qui s'étend sur 7 846 hectares et constitue un authentique pays. Son intérêt dépasse les limites du Libournais et même de la Gironde. L'Unesco l'a bien compris quand, en décembre 1999, elle a inscrit au patrimoine mondial l'ensemble du territoire de l'ancienne juridiction de la Jurade (le conseil municipal de la cité sous l'Ancien Régime, du Moyen Âge à la Révolution française). Cette distinction a renforcé la notoriété du site, tout en permettant de préserver son authenticité. Car Saint-Émilion est aussi une petite cité vivante dont il faut savoir apprécier l'atmosphère le soir et le matin, quand les cars de touristes sont repartis ou ne sont pas encore arrivés. C'est alors un autre Saint-Émilion qui se révèle aux yeux du visiteur.

Construit sur un amphithéâtre rocheux, Saint-Émilion offre aux rayons du soleil ses maisons dont les pierres blondes et les toits de tuiles changent de teinte avec chaque heure du jour. Deux monuments emblématiques les surmontent : le clocher de l'église monolithe (page de gauche et ci-dessus, au milieu) et la Tour du Roi (ci-dessus, à droite).

Un millénaire de marche vers la « suprême harmonie »

Pour aboutir à la réussite exceptionnelle que constitue le paysage culturel de la cité et de son vignoble, une longue marche fut nécessaire.

Quand débuta le processus ? Il est probable que les premiers « Aquitains », remontant la vallée de la Dordogne il y a 450 000 ou 500 000 ans, soient passés devant le tertre. Le sol de Saint-Émilion a livré des vestiges du magdalénien et du néolithique. Vers le Vᵉ ou le IVᵉ millénaire avant J.-C., le mégalithisme a laissé une trace remarquable : le menhir de Pierrefitte, puissante pierre levée de 30 tonnes se dressant dans la petite commune de Saint-Sulpice-de-Faleyrens.

D'Ausone à Emilianus, du poète à l'ermite

Mais, en définitive, les temps préhistoriques et protohistoriques ne sont qu'un prélude. La romanisation va-t-elle marquer plus profondément le Saint-Émilionnais ? La tradition répond sans hésitation par l'affirmative : elle a adopté avec enthousiasme la légende dorée faisant de l'un des plus célèbres crus de Saint-Émilion l'héritier direct d'une villa d'Ausone (poète et consul latin bordelais du IVᵉ siècle).

Qu'en est-il exactement ? L'archéologie ne peut ni confirmer ni infirmer la tradition orale. Ce qui ne veut pas dire que les premiers siècles de notre ère soient sans effets profonds sur l'organisation de l'espace saint-émilionnais. Ainsi, le sol du château Ausone a bien livré des vestiges. Et, au pied de la côte, au lieu-dit le Palat, à proximité du château La Gaffelière, un important chantier de fouilles a révélé de superbes mosaïques.

Tout porte à croire que la vigne doit être cultivée dans les nombreuses *villae* de la région. Mais ces vignobles n'ont pas grand-chose à voir avec l'actuelle monoculture, omniprésente dans le paysage. Selon les archéologues, les terres mises en culture restent limitées. Et les surfaces consacrées aux vignes ne doivent guère dépasser les 200 hectares pour tout le Saint-Émilionnais.

Le vin n'est pas encore le moteur de l'histoire. D'ailleurs, le peuplement est suffisamment discret pour que, selon des sources du XIIᵉ siècle, un ermite breton du nom d'Émilian soit attiré au VIIIᵉ siècle par la tranquillité de la combe (voir l'ermitage dans la visite de la ville).

Les Saint-Émilionnais entre chanoines et jurats

Autour de lui se rassemble un groupe de religieux vivant sous la règle de saint Benoît. Les textes étant silencieux, il est difficile de savoir précisément où se situe leur premier établissement. De même, nul ne peut affirmer quand est creusé l'essentiel de l'église monolithe. Le silence qui entoure l'histoire saint-émilionnaise ne se brise – ou plutôt ne se fendille – qu'aux alentours de 1100.

En 1080, l'archevêque de Bordeaux doit intervenir à la fois pour rétablir l'autorité de l'Église (confisquée par le vicomte de Castillon) et pour remettre de l'ordre dans le mode de vie des religieux, certains ayant femme

Le menhir de Pierrefitte.

L'ermitage de saint Émilion (photo Antoine Lebègue).

Si l'église de Saint-Martin-de-Mazerat a conservé son aspect roman, son clocher a été arasé au XVIe siècle pour des raisons stratégiques (voir p. 7).

et enfants. Le prélat décide donc d'instituer une communauté de chanoines cloîtrés avec à sa tête un prieur. Mais divers contretemps viennent retarder sa mise en place et le collège ne se matérialise pas avant 1110. À cette époque, en effet, la conjoncture est devenue plus favorable avec le réveil du sentiment religieux qui s'est amorcé à l'extrême fin du XIe siècle.

Cet essor de la foi se traduit dans le paysage saint-émilionnais par la construction ou l'embellissement d'églises, comme à Saint-Martin-de-Mazerat, Saint-Sulpice-de-Faleyrens, Saint-Christophe-des-Bardes ou Saint-Georges. Enfin, à Saint-Émilion, les chanoines qui se voient accorder par Adrien IV les bénéfices des paroisses voisines décident de quitter l'église monolithe et la ville basse pour gagner le « Moustier Neuf », la ville haute où ils édifient la collégiale et son couvent. C'est là qu'ils vont vivre sous la règle de saint Augustin jusqu'au début du XIVe siècle où, en 1309, une bulle du pape gascon Clément V érige la communauté en chapitre de chanoines.

Le second fait marquant du XIIe siècle est la naissance d'un pouvoir laïc, la Jurade. Le 8 juillet 1199, Jean sans Terre, roi d'Angleterre et duc d'Aquitaine, accorde – ou confirme – aux habitants de la ville le droit de constituer une commune, avec « tous les privilèges et libres coutumes qui appartiennent à la commune ». La traduction institutionnelle de ces libertés est la Jurade, conseil citadin remplissant une mission beaucoup plus étendue que les municipalités modernes puisque ses attributions vont de la justice à la diplomatie, en passant par la police, la défense, l'administration générale et la collecte des impôts. Ce mini gouvernement va jouer très tôt un rôle essentiel dans la vie locale. Dès le XIIIe siècle, sa compétence s'étend sur toutes les paroisses des alentours. Après le rétablissement de l'autorité française sur la Guyenne (au XVe siècle), la Jurade sera maintenue dans ses attributions jusqu'à la Révolution. Elle prendra d'ailleurs une part des plus importantes dans l'apparition des vins de qualité : détenant la « marque du vinetier », la marque à feu aux armes de la cité, elle pourchassera la fraude, les abus et les « vins insuffisamment fins ». Non seulement ceux-ci n'auront pas droit au prestigieux label, mais en plus leurs producteurs seront condamnés à quelque peine infamante, comme pousser une barrique à demi pleine à travers les rues.

Ces mesures seront surtout appliquées aux XVIIe et XVIIIe siècles, car, aux XIIe et XIIIe, le vin n'est pas encore la ressource principale du Saint-Émilionnais. Les nombreux moulins qui couronnent encore de nos jours les buttes et les rebords des plateaux prouvent qu'au Moyen Âge la région est avant tout un pays céréalier. La cité tire aussi son importance de sa situation sur une route très fréquentée du « Chemin des Étoiles » qui passe ensuite à La Sauve-Majeure avant de continuer vers Saint-Jacques-de-Compostelle par Bordeaux ou Bazas selon l'itinéraire choisi.

Quatre siècles de guerres

Au XIIIe siècle, Saint-Émilion, situé à la frontière des domaines français et anglo-aquitain, voit se succéder les armées des deux monarchies. En 1224, Louis VIII de France vient occuper la cité que les Anglo-Gascons reprennent deux ans plus tard. Tout au long des XIIIe, XIVe et XVe siècles, la vie des Saint-Émilionnais est jalonnée de sièges, d'occupations et de reprises de la place forte. Quand la paix revient après la bataille de Castillon, en 1453, le bilan est lourd : même si les privilèges de la ville sont progressivement rétablis, une grande partie de sa parure monumentale a disparu et le nombre de « feux » (habitations) est tombé de 2000 ou 3000 à environ 200.

Plus dramatique encore, ce calme n'est en fait qu'une accalmie, le XVIe siècle prenant le même chemin que les précédents. Aux affrontements franco-anglais se substituent les guerres de Religion. Les opérations militaires débutent en 1462 avec l'arrivée des troupes royales venues contenir les protestants établis dans la vallée de la Dordogne. L'année suivante, ce sont les huguenots qui attaquent la cité par surprise et la pillent, en s'acharnant sur les églises. En 1580, un autre parti protestant, mené par Sully, réussit à s'emparer de la ville en ouvrant une brèche près de la porte Brunet à l'aide d'un « saucisson » dont l'explosion est entendue jusqu'à Coutras. Pour se défendre, les habitants se dotent d'un véritable arsenal (190 arquebuses, 50 mousquets, 26 carabines, 56 pistolets). Et il est probable qu'ils retrouvent le chemin des souterrains refuges creusés dans la campagne à l'époque des invasions du haut Moyen Âge. En 1587 (enfin !), après des décennies de batailles, la victoire d'Henri de Navarre sur le duc de Joyeuse à Coutras sonne la fin des guerres de Religion. Deux ans après, en avril 1589, Henri III s'allie avec le Béarnais qui va lui succéder sur le trône en août et ramener la paix. Plus calmes, les XVIIe et XVIIIe siècles vont permettre aux Saint-Émilionnais de se lancer dans l'aventure de la viticulture.

Harmonie de la pierre et de la tuile au cœur de la cité, autour de la chapelle de la Trinité.

Aux XVIIIe, XIXe et XXe siècles, l'histoire de la cité va se conjuguer avec celle du vignoble et de son vin. Mais en 1793, elle est témoin d'un événement politique majeur, doublé d'un drame avec la fin des Girondins.

La fin des Girondins

Pendant la Révolution, qui voit la ville changer de nom pour devenir « Émilion la Montagne », les carrières vont entrer dans l'histoire avec l'épisode de la fin des Girondins.
Sous ce terme, imaginé par Lamartine, les historiens ont pris l'habitude de désigner le groupe des députés modérés de la Convention dont plusieurs meneurs sont originaires du Bordelais.
Quand ils sont proscrits, après l'émeute du 31 mai 1793, l'un d'eux, Élie Guadet, natif de Saint-Émilion, propose à plusieurs de ses compagnons (Pétion, Buzot, Babaroux, Louvet et Valady) de se réfugier dans la cité girondine. Ils se rendent d'abord (en septembre) à Saint-Martin-de-Mazerat, où se trouve la famille de Guadet.
Puis ils vont dans les bois de Figeac, avant d'aboutir à la maison Bouquey où ils se cachent, tantôt dans une soupente, tantôt dans une ancienne carrière souterraine qu'un puits relie au jardin. Ils y restent jusqu'en novembre avant de se séparer. Un seul, Louvet, réussit à se sauver.
Pétion et Buzot sont trouvés morts, à moitié dévorés par des chiens errants dans un champ près de Castillon, et tous les autres sont pris et exécutés en compagnie de leurs protecteurs saint-émilionnais quelques jours à peine avant le 9 thermidor.

Enfin le grand vignoble de qualité !

Au début du XVIIe siècle, le vignoble conserve encore dans une large mesure son visage médiéval. Des plantations de vignes vont être entreprises, mais principalement pour répondre à la demande des Hollandais, à la recherche de vins brûlés pour leurs équipages voyageant dans les mers chaudes. L'impact sur la qualité est donc resté faible.

Au XVIIIe siècle, en revanche, les choses commencent à bouger plus sérieusement. D'abord quantitativement : dans le premier tiers du siècle, la superficie des vignobles double. Vers 1762, quand est réalisée la carte de Belleyme, la vigne est présente de façon significative sur le plateau, la côte, le pied de côte et le haut de la plaine. Qualitativement ensuite : la localisation détaillée des nouvelles vignes indique une recherche de sols de qualité. Certains secteurs sont encore négligés comme les Graves. Mais leurs aptitudes viticoles vont être reconnues : c'est à cette époque que le domaine de Figeac (l'une des rares grandes propriétés subsistant du Moyen Âge) est défriché pour être partiellement mis en vignes. Par ailleurs, on note des expériences intéressantes de constitution de grands domaines viticoles autour des châteaux de Pressac et de Saint-Georges-de-Montagne.

Mais il ne faut pas brûler les étapes. La « fureur de planter » n'est pas encore aussi forte que dans d'autres secteurs du Bordelais, et l'avènement de la qualité est légèrement retardé par rapport à certains vignobles des Graves ou du Médoc. Ce retard s'explique sans doute par les structures foncières et socio-économiques de la fin du Moyen Âge. Le Saint-Émilionnais a connu très tôt le passage des tenures à cens au système, plus moderne, des métairies et bourdieux. Progrès aux XIVe et XVe siècles, cette transformation devient un frein trois siècles plus tard quand il s'agit de franchir une nouvelle étape avec la création des grands domaines viticoles à gestion directe (par le propriétaire ou par le régisseur). La dimension réduite des exploitations (quelques hectares pour le bourdieu, une douzaine, voire une quinzaine pour la métairie) gêne l'innovation, qui tend à se concentrer dans les propriétés les plus importantes.

La « révolution viticole » exige en effet de gros capitaux. Dans plusieurs cas, ceux-ci proviennent du sous-sol où sont exploitées de vastes carrières. En effet, au XVIIe siècle, et plus encore au XVIIIe, le visage des villes se transforme : les maisons à colombages des temps médiévaux s'effacent derrière les nouvelles constructions en pierre. Pour fournir les matériaux nécessaires à de nombreuses agglomérations du Bordelais, d'immenses galeries tentaculaires se ramifient sous le plateau. En moins de trois siècles, jusqu'à la fin du XIXe siècle, les maîtres carriers et leurs ouvriers vont creuser une véritable cité souterraine de quelque 70 hectares.

Au XIXe siècle, le succès se heurte aux crises

Le clergé dispersé, ses privilèges abolis, les monuments à l'abandon, au sortir de la Révolution, Saint-Émilion, trop éloigné du cœur de l'Europe industrielle, semble

À son intérêt œnologique, l'étagement du vignoble sur le coteau sud forme un paysage d'une grande beauté avec ses terrasses, rochers et carrières souterraines. Il s'enrichit ici au Clos La Madeleine de maisons de caractère et de pigeonniers.

n'avoir d'autre avenir que la contemplation mélancolique de ses splendeurs passées, réduites à quelques ruines pittoresques.

Sous le Second Empire, l'essor va encore être décalé d'un temps par rapport aux vignobles de la rive gauche de la Garonne. En raison de ce décalage, mais aussi parce que la sélection des vins pour l'Exposition universelle de Paris est faite par la chambre de commerce de Bordeaux alors que Saint-Émilion relève de celle de Libourne, l'heure du succès ne sonne pas en 1855. Mais ce n'est que partie remise. Douze ans plus tard, pour l'Exposition de 1867, les vins de Saint-Émilion se taillent la part du lion dans la distribution des récompenses. La conjoncture alors s'est inversée.

Le vignoble libournais profite de l'arrivée du chemin de fer (en 1855), qui facilite ses expéditions. Il est aussi atteint par l'oïdium, mais plus tardivement que d'autres secteurs du Bordelais. Enfin, les efforts entrepris par les viticulteurs portent désormais leurs fruits.

Hélas, cette ascension qualitative arrive trop tard pour être portée par un cycle économique globalement favorable au vin. La tendance à la fin du siècle est loin d'être positive.

Comme tous les autres vignobles, ceux de Saint-Émilion sont touchés par les crises. L'oïdium ne les épargne qu'un temps. Puis le phylloxéra, qui se montre plus précoce que sur la rive gauche de la Garonne, enchaîne aussitôt.

Mais, face à l'adversité, Saint-Émilion réagit avec beaucoup d'ardeur et de dynamisme, notamment par la constitution, en 1884, du syndicat viticole. Créé huit mois à peine après la promulgation de la loi établissant l'organisation syndicale en France, il va être le premier syndicat viticole de France.

De la tourmente à la prospérité, un renom mérité

Après l'heure des fléaux infligés par la nature et ses maladies, vient, au XXe siècle, celle des maux imposés par l'histoire : les guerres et la crise économique des années 1930-1940. Comme au siècle précédent, les Saint-Émilionnais se battent avec courage, engageant des actions résolument volontaristes. Dès 1932, Saint-Émilion est le premier vignoble girondin à se doter d'une cave coopérative. Et, en 1936, un an après la loi mettant en place le système des A.O.C., l'appellation de Saint-Émilion voit le jour, de même que celles de Montagne Saint-Émilion, Lussac Saint-Émilion, Puisseguin Saint-Émilion, Saint-Georges Saint-Émilion et Parsac Saint-Émilion (les producteurs de ces dernières pourront aussi revendiquer l'appellation Montagne, après la fusion des trois communes en 1973).

Au lendemain de la Seconde Guerre mondiale, un redressement se dessine. La création de la nouvelle Jurade en 1948 et l'établissement d'un classement en 1954 en apportent la preuve.

Mais un nouveau fléau, naturel celui-là, s'abat sur le vignoble : les grands gels de 1956. Les destructions sont importantes. À nouveau les viticulteurs vont réagir très positivement : au lieu de se laisser aller au désespoir, ils en profitent pour accélérer la redistribution de l'encépagement et accroître la typicité de leurs vins. Malgré la taille réduite de nombreuses exploitations, un intense effort de modernisation est entrepris dans toutes les appellations. Ce qui permet au Saint-Émilionnais de se trouver en bonne position pour pouvoir profiter du grand essor de l'économie vitivinicole qui débute en 1974. Parallèlement à son renom vinicole, Saint-Émilion devient l'un des hauts lieux touristiques de France.

À la découverte de la ville

Pour être absolument complète, la visite de la ville prend la journée. Toutefois, elle peut être effectuée en deux heures ou deux heures et demie. Avant de la commencer, il sera bon de passer à l'office de tourisme, syndicat d'initiative établi place des Créneaux. Celui-ci propose tous les jours d'intéressantes visites guidées (l'accès à l'intérieur des monuments souterrains n'est possible que dans le cadre des visites conférences).

Avec ses arcades semi-ogivales et ses colonnettes grêles géminées, le cloître de la collégiale est l'un des plus beaux de Gironde.

L'église collégiale et le cloître

Actuel sanctuaire paroissial, la collégiale est l'une des pièces maîtresses du patrimoine saint-émilionnais. D'emblée, on note son importance. Avec 79 mètres, elle est l'une des plus vastes églises de toute la Gironde. Mais son intérêt réside aussi dans la juxtaposition de deux apports différents : l'un roman, du XIIe siècle, qui lui a légué le portail occidental, la nef et les murs ouest du transept ; l'autre gothique, qui s'est réparti sur deux époques. Au XIVe siècle, elle doit le portail nord, le chœur

Puissant vaisseau, l'église collégiale romane (XIIe siècle) ne laisse pas deviner qu'elle est couverte d'une file de coupoles byzantines sur pendentifs. Un secret à découvrir de l'intérieur.

Un trésor méconnu : les peintures murales de la collégiale

Dans la nef, quatre fresques d'environ 1 mètre de diamètre racontent la vie de sainte Catherine : un diable, de couleur ocre rouge tente une femme que l'on retrouve ensuite soumise au supplice de la roue. À côté, toujours sur le mur sud, une grande peintre représente la Sainte Vierge dans une tenue du XIIe siècle, portant une robe jaune et un manteau brun à liseré blanc. Enfin, près de la porte du cloître, d'autres peintures sont encore visibles, notamment celle d'un « évêque guérissant des possédés ».

Façade et portail de l'église collégiale.

et les trois nefs ; et à la charnière des XVe-XVIe siècles, le chevet et l'abside sur la nef centrale. On y entre généralement par le portail principal (nord). Toutefois, quand elle est ouverte, c'est par la porte occidentale à cinq voussures, clocher-porche d'influence charentaise

Le logis de Malet-Roquefort.

en partie arasé, qu'il faudra choisir d'y pénétrer pour découvrir la longue nef. Celle-ci est composée de trois travées, dont deux sont recouvertes par des coupoles de style byzantin.

Ce mode de couverture, qui a fait couler beaucoup d'encre, est en fait assez courant dans la région du Périgord, province voisine du Libournais. La nef est ornée de peintures murales (du XIIIe siècle) racontant la vie de sainte Catherine (voir encadré).

Accolé à la collégiale, le cloître (accès par l'office de tourisme), qui date du XIVe siècle, est un jardin qu'encadrent des galeries de 30 mètres de long sur 4,5 de large. Il tire son charme de son calme et de ses délicates arcades semi-ogivales reposant sur de fines colonnettes géminées.

À côté, la Maison des vins (ancienne maison de l'Abbé) offre un large choix de crus. Et en face, plaqué contre le rempart et son chemin de ronde, le logis de Malet-Roquefort (maison à pignon).

Clocher de l'église monolithe.

La place du Marché et ses terrasses.

Le clocher de l'église monolithe

En sortant de l'office de tourisme, qui est installé dans la salle du Doyenné, l'ancien réfectoire des chanoines, le visiteur se trouve en face d'un haut clocher de trois étages (un du XIIe siècle et deux du XIVe) que termine une flèche du XVe siècle. Surprenante par sa taille (53,6 mètres), cette tour l'est encore plus par l'absence de tout édifice religieux dans le voisinage. En fait, l'église existe mais elle est souterraine puisque ce clocher n'est autre que celui de la monolithe. De l'intérieur, le regard embrasse un très vaste panorama.

La maison Bouquey

Située dans la rue des Girondins, la maison Bouquey présente une façade de la fin du XVIIe siècle. Elle doit sa célébrité au fait qu'en 1793 elle a servi de refuge aux Girondins. Ayant appris que les proscrits erraient dans le Libournais, Mme Bouquey, belle-sœur de Guadet, revint de Paris pour les accueillir dans sa propriété. Celle-ci offrait un excellent abri, son jardin cachant, à 8 mètres sous le sol, un souterrain relié à la surface par un puits carré, profond de 25 mètres (sans doute un ancien silo).

Portail de l'église monolithe.

Les catacombes.

La place du Marché

Très animée, elle est le vrai centre de la ville, même en dehors du marché dominical. Malgré les tables de restaurants qui l'envahissent à la belle saison, elle conserve un cachet exceptionnel avec le portail (du XIVe siècle) et la façade de l'église monolithe sculptée à même la falaise que domine, aérien, presque irréel, le clocher.

L'église monolithe et les catacombes

Creusée dans la roche au Moyen Âge, l'église monolithe est unique en Europe par ses dimensions (38 mètres de long sur 20 de large). Le portail, construit au début du XIVe siècle pour remplacer l'ancienne entrée, trop étroite et pas assez majestueuse, présente un tympan orné d'un Jugement dernier et d'une résurrection des Morts. Impressionnant par ses trois hauts vaisseaux que séparent de puissants piliers, l'intérieur frappe également par sa nudité. Pourtant, ici et là, quelques fragments témoignent que ses murs furent presque entièrement recouverts de fresques peintes. Malheureusement, la Révolution, qui avait transformé le sanctuaire en fabrique de salpêtre, les a fait disparaître. En revanche, elle n'a pas détruit le bas-relief au dragon qui domine la nef et a fait couler beaucoup d'encre (voir encadré p. 15).

Le creusement de l'église est entouré de mystère. Traditionnellement, on l'attribue aux moines et on le situe entre les IXe-Xe et XIIIe siècles. Mais des découvertes récentes font penser aujourd'hui que le rôle majeur reviendrait à Pierre Ier, vicomte de Castillon, de retour de croisade au XIIe siècle. Détail important, ce croisé était non seulement seigneur de Saint-Émilion, mais aussi d'Aubeterre-sur-Dronne, où se trouve aussi une remarquable église monolithe. Il est probable que le chantier se soit échelonné sur une assez longue période.

Communiquant avec l'église, les catacombes ont été creusées par les compagnons et successeurs de saint Émilion aux VIIIe et IXe siècles pour recevoir les corps de leurs morts, le petit cimetière qu'ils possédaient à la surface s'avérant trop étroit. Le côté mystérieux du lieu est accentué par la présence d'une coupole percée d'un trou vertical (reliant les catacombes au sol du cimetière) et de gravures représentant trois hommes se tendant les bras, sans doute pour symboliser les morts vivants sortant de leurs tombes lors de la Résurrection (la visite de l'église monolithe, des catacombes, de l'ermitage et de la chapelle de la Trinité n'est possible que dans le cadre des visites guidées de l'OTSI).

ci-contre : **« Oasis » bordée de façades minérales, la place du Marché reste toujours le cœur de la cité.**

L'ermitage et sa source miraculeuse

Mais le cœur de la cité, le point de départ de toute l'aventure saint-émilionnaise, est l'ermitage où vécut Emilianus (Émilion). Il s'agit d'une petite grotte formant une croix qui a été restaurée et agrandie au XVIIe siècle. Encastré dans une niche se trouve le « fauteuil » de l'ermite, taillé dans la roche comme tout son « mobilier ». L'endroit qui retient le plus l'attention est la petite source miraculeuse qui coule par intermittence à l'entrée de la grotte. Les récits hagiographiques rapportent que, située plus bas à l'origine, elle aurait remonté son cours pour apporter un peu de confort au saint. Depuis, ses eaux seraient dotées de pouvoirs surnaturels. La tradition veut que les amoureux désireux de se marier dans

Intérieur de l'église monolithe.

l'année y jettent deux épingles pour qu'elles forment une croix.

La découverte de l'ermitage plonge toujours le visiteur dans une atmosphère particulière, imposant le respect et invitant à imaginer ce que furent la vie et la personnalité du confesseur. Imaginer, car le personnage est entouré de nombreuses zones d'ombre. On sait seulement que, d'origine modeste, il avait réussi à devenir l'intendant du comte de Vannes. Il jouissait de la pleine confiance de son maître mais avait pour habitude de prendre de la nourriture dans les réserves pour la distribuer aux pauvres, dit la tradition, pour son usage personnel, disaient certains courtisans jaloux qui le dénoncèrent au comte. Celui-ci l'ayant surpris un jour, il fut sauvé par un miracle : quand il ouvrit son manteau, les aliments s'étaient transformés en morceaux de bois mort. L'intendant s'en tirait la tête haute et ses accusateurs étaient confondus. Mais ce miracle lui valut une très forte notoriété. Devenu trop célèbre à son goût, il préféra rechercher un endroit où il pourrait retrouver le calme. Il quitta la Bretagne, partit vers le sud et arriva à Saujon, en Charente-Maritime, où il fit un miracle : ne trouvant pas la pelle alors qu'il préparait des pains, il entra dans le four brûlant pour les mettre à cuire et en

La chapelle de la Trinité.

ressortit indemne. L'abbé de Saujon lui demanda de rester dans son monastère. Mais Émilion préféra conserver sa vie d'ermite et reprendre sa route qui le conduisit au bord de la Dordogne, où il s'installa et demeura jusqu'à sa mort (en janvier 767).

La chapelle de la Trinité

Au-dessus de l'ermitage, la chapelle de la Trinité date du XIIIe siècle. C'est un édifice qui laisse rarement indifférent, tant il s'en dégage une impression de beauté et d'harmonie. Elle est composée d'une courte nef (très remaniée) voûtée en berceau gothique, terminée par une abside à cinq pans qu'éclairent trois fenêtres. Son intérêt majeur réside dans l'abside que recouvre une voûte ogivale dont les huit branches convergent vers une clef unique, timbrée de l'anneau symbolique. Elle est ornée de peintures du XIIIe siècle, malheureusement à peine perceptibles.

Un trésor à dénicher dans le chevet à sept pans de la chapelle de la Trinité : de superbes fresques médiévales.

Le dragon garde son secret

Dominant autrefois l'autel de la monolithe, un bas-relief représente un homme nu enfonçant un bâton dans la gorge d'un dragon portant quatre serpents sur son dos ; tandis qu'à côté un musicien joue de la viole et qu'une sorte de calice se dessine au centre. Cette scène étrange a donné lieu à de nombreuses interprétations : Jugement dernier, Saint-Michel. En fait, l'allusion à la lutte du Bien et du Mal est évidente. Mais pourquoi un homme nu armé seulement d'un bâton ? Le chevalier serait-il un homme du peuple luttant contre des nobles despotiques ou un chevalier parvenu à une parfaite maîtrise du corps et de l'esprit, comme le suggère la présence du joueur de viole ? Le Graal n'est pas loin.

Au cœur de la cité, le moutonnement des toits semble répondre par son harmonie à celui que forme à l'extérieur l'océan de vignes qui entoure la ville.

Le château du Roi

Comme la monolithe et l'ermitage, la tour du Roi, en gascon le *Castel daou Rey* (le château du Roi), est l'un des monuments les plus célèbres de la cité. C'est le donjon de l'ancien château fort dont il ne reste aucun autre vestige. Outre son caractère imposant, ce donjon citadelle pratiquement carré (9,5 mètres sur 9,3 et 32 mètres de haut) tire son intérêt historique et architectural du fait qu'il est l'une des rares réalisations de l'architecture militaire romane en Gironde. Son édification fait l'objet d'un débat entre historiens. Certains la virent d'origine française en l'attribuant à une décision de Louis VIII (en 1224). D'autres penchèrent pour l'intervention du vicomte de Castillon, une demande d'Henri III d'Angleterre en 1237, ou même une initiative de la Jurade. Le dossier reste ouvert; en revanche, il est établi que la tour servit d'hôtel de ville jusqu'en 1720 et aujourd'hui, c'est de son sommet que la Jurade proclame (en septembre) le ban des vendanges et (en juin) le jugement du vin nouveau. Payante, la visite de l'intérieur est pittoresque. Le sommet offre un panorama exceptionnel non seulement sur la ville mais aussi sur le vignoble et la plaine.

Par les rues de la Tourelle, de la Porte-Bouqueyre et de la Petite-Fontaine rejoindre la place du Marché pour

Musée de la Poterie.

page de gauche : **impressionnant donjon de 32 mètres de haut, la tour du Roi témoigne par son archaïsme de l'influence anglo-normande en Gironde.**

Le musée souterrain de la Poterie

21, rue André Loiseau (visite payante). Vu de l'extérieur, le musée de la Poterie ne retient guère l'attention du visiteur. Mais à l'intérieur tout change. D'abord par le décor : plus d'un hectare de galeries souterraines de l'une des plus anciennes carrières de la cité, puisque ses pierres ont servi – entre autres – à l'édification de la tour du Roi. Le musée est aussi exceptionnel par l'intérêt de ses collections qui proposent une véritable remontée dans le temps en présentant vingt siècles d'évolution de la poterie (de terre et de fer) en Aquitaine, avec la reconstitution d'ateliers de potiers. Cuviers à lessive et chaudières, mortiers, pots, cruches, jarres, pichets, fontaines de table ou épis de faîtage, la richesse de la collection rappelle l'importance qu'avait la poterie dans la civilisation traditionnelle. La création actuelle n'est pas oubliée, ni l'histoire de la cité et de la région que l'on peut découvrir à l'aide d'un mur d'images du céramiste Daniel Piron du Frastel racontant la vie sous la dynastie des Plantagenêts (les descendants d'Aliénor d'Aquitaine).

Le siège de Libourne en 1451. Fresque de Piron du Frastel.
à gauche : **une des céramiques.**

L'arceau (porte) de la Cadène qui reliait autrefois les villes basse et haute.

prendre la rue de la Cadène que borde, sur la gauche, l'ancienne halle aux grains.

L'arceau de la Cadène

Porte ogivale fortifiée de la fin du XIIIe siècle, située dans le « tertre » (la rue) de la Cadène, l'arceau homonyme contrôlait le passage entre les deux villes (haute et basse). Pour la plupart des historiens, cette porte devrait son nom à la chaîne que plaçait le guet pour la barrer. Depuis la porte, que flanque une tourelle, on jouit d'un très beau point de vue sur le clocher de l'église monolithe. À l'angle des rues de la Cadène et Guadet, une belle maison à pans de bois date du début du XVIe siècle. Elle est ornée d'une décoration dégradée mais très riche.

La rue Guadet

Colonne vertébrale de la cité, elle est bordée de monuments intéressants : la maison gothique, improprement appelée maison des Templiers (belle demeure du XIVe siècle, avec un perron et de majestueuses arcades) ; l'autre façade de la maison Bouquey (à côté de la mairie). En face de l'hôtel de ville, s'élève le portail (XVe siècle) de l'ancienne chapelle du couvent des Jacobins, plus connue sous le nom de salle des Dominicains. Datant de la fin du XIVe siècle, ce couvent fut le plus étendu de la ville. Abandonné ensuite par les religieux, il fut transformé en fabrique de cloches. Les gourmets retiendront la célèbre pâtisserie où sont élaborés, selon la recette des Ursulines, les fameux macarons de Saint-Émilion ; enfin, pour les œnophiles, signalons que plusieurs sièges de crus viticoles possèdent des caves souterraines.

Faisant face au jardin de la mairie, le portail de la chapelle (XIVe-XVe siècle) est le dernier vestige de l'ancien couvent des Jacobins.

Dans le vignoble de Saint-Émilion

Dans l'ensemble bordelais, le vignoble de Saint-Émilion s'individualise par deux originalités :
– d'une part, il regroupe sur une même aire deux appellations : Saint-Émilion et Saint-Émilion grand cru. La seconde ne se définit pas par un territoire spécifique mais représente une sélection qualitative (des crus) par rapport à la première ;
– d'autre part, par le type de classement qui a été adopté. Concernant l'appellation Saint-Émilion grand cru, il comprend deux groupes (grand cru classé et premier grand cru classé, avec une mention A ou B pour ce dernier). De plus, il est soumis régulièrement à révision.

L'aire des appellations Saint-Émilion et Saint-Émilion grand cru s'étend sur les communes issues de l'ancienne juridiction médiévale : Saint-Émilion, Saint-Christophe-des-Bardes, Saint-Étienne-de-Lisse, Saint-Hippolyte, Saint-Laurent-des-Combes, Saint-Pey-d'Armens, Saint-Sulpice-de-Faleyrens et une partie de Libourne.

Avant de visiter le vignoble, il est recommandé de passer à l'office de tourisme de Saint-Émilion pour consulter la liste des châteaux ouverts.

Les châteaux Figeac et Cheval Blanc

Ces deux crus prestigieux présentent la particularité d'être situés dans le secteur des Graves. Entouré d'un beau parc, le premier est un authentique château du XVIIIe siècle qui a succédé à une construction antérieure, comme en témoignent une tour Renaissance et des encadrements de portes ou de fenêtres du XVIe siècle et du Moyen Âge.

Plus près de Pomerol, Cheval Blanc était à l'origine une dépendance de Figeac. Mais, après avoir laissé le domaine à l'abandon sous la Révolution, le propriétaire de l'époque arracha toutes les vignes sous le Premier Empire pour planter de la garance. Lorsqu'il mourut, sa femme, ruinée, dut se résoudre à vendre une partie des terres qui donnèrent naissance à Cheval Blanc, dont le château est un bâtiment du XIXe siècle.

Château Canon et Saint-Martin-de-Mazerat

En face de la collégiale et des remparts de Saint-Émilion, Clos Fourtet possède des carrières qui sont parmi les plus belles de la région.

Plus loin, Canon n'est pas seulement l'un des crus phares de l'appellation. C'est aussi une élégante demeure du XVIIIe siècle. Elle doit son nom à un officier de marine de la fin de l'Ancien Régime, Jacques Kanon, qui fit bâtir le château entre 1760 et 1767. Canon possède l'un des plus beaux cuviers de la région. Derrière le château, au milieu d'un petit cimetière, s'élève l'église de Saint-Martin-de-Mazerat qui a conservé son aspect roman. Surmontée d'un clocher carré, elle comprend

Vignoble depuis Saint-Martin-de-Mazerat.

Château Canon.

Vignoble Ausone.

une nef et un chœur voûtés, plus une abside en cul-de-four sur laquelle on peut noter une inscription en majuscules du XIIe siècle. À l'origine, le clocher était plus élevé qu'aujourd'hui, mais les jurats de Saint-Émilion firent démolir ses étages supérieurs à l'époque des guerres de Religion pour éviter qu'il ne servît de point d'appui pour une attaque protestante contre la cité. La porte méridionale présente une riche ornementation, avec des colonnes supportant des chapiteaux décorés de figures de monstres. En descendant dans le vallon, on peut découvrir la chapelle de Mazerat (XIVe siècle, remaniée au XVIe).

Château Ausone et la Côte

À Ausone, plus que la visite de la propriété (château du XIXe siècle), c'est la découverte de son terroir qui passionnera l'amateur. Pour ce faire, il descendra la côte (vers la ligne de chemin de fer et la cave coopérative) pour voir apparaître le « privilège » d'Ausone : sa situation sur les meilleures pentes argilo-calcaires de la Grande Côte, remarquablement orientées vers le midi.

Arrivé au pied de la côte, une visite s'impose à l'Union de producteurs, la cave coopérative.

Château La Gaffelière

Inspiré du logis de Malet dans la ville haute, ce manoir néogothique appartient à la famille des comtes de Malet-Roquefort. Construit sur l'emplacement d'une ancienne maladrerie médiévale sur le chemin de Saint-Jacques, le château occupe un site qui fut toujours important dans la vie locale, comme le prouve le chantier de fouilles de la villa gallo-romaine du Palat.

Château Figeac (photo Bertrand Cabrol).

Panorama sur l'ouest de Saint-Émilion et son vignoble d'Ausone (à gauche) jusqu'à la tour du Roi.

Le château de Ferrand

Un crochet vers Saint-Hippolyte permet de voir ce château (XVIIe siècle) qui, outre son intérêt architectural, retiendra l'attention par ses « grottes », en fait un souterrain refuge. Formé d'une longue galerie de 45 mètres et de couloirs et chambres se coupant à angle droit, il a été creusé pendant le haut Moyen Âge. Mais c'est au XVIIe siècle qu'il devint célèbre, ayant été aménagé par le poète Élie de Bétoulaud, « cousin idolâtre » de Louis XIV, qui y accueillit en 1685 Mlle de Scudéry.

Saint-Étienne-de-Lisse et Pressac

Situé au pied de la côte, Saint-Étienne-de-Lisse possède une église romane fortifiée du XIIe siècle. Plus haut, juché sur un tertre, le château de Pressac (XVe siècle) a servi de cadre à la reddition des troupes anglaises après la bataille de Castillon (1453). Profondément remanié au XIXe siècle dans le style néogothique, c'est aussi un domaine qui joua un rôle important dans l'histoire viticole au XVIIIe siècle, où il se signala par l'introduction en 1747 (depuis le Quercy) d'un nouveau cépage, l'auxerrois, qui s'appela le « noir de Pressac », avant de prendre le nom de son importateur en Médoc, le sieur de Malbec.

Châteaux Laroque, Haut-Sarpe et Soutard

Ces trois châteaux, perchés sur les rebords du plateau, méritent un détour pour leur architecture. Le premier fut, à l'origine, un manoir médiéval. Mais il n'en reste qu'une grosse tour ronde, le bâtiment actuel datant du XVIIIe siècle.

S'élevant au milieu d'un vaste parc de 3 hectares, Haut-Sarpe est du plus pur style Louis XVI. Pourtant, il n'a vu le jour qu'autour de 1900. Chez un brocanteur, le propriétaire de l'époque avait découvert une splendide et authentique cheminée du XVIIIe siècle. Il décida de faire bâtir un château qui fût en complète harmonie avec elle.

Héritage du Siècle des lumières, le domaine de Soutard est commandé par une majestueuse résidence néoclassique datant de 1775.

À côté de ces crus prestigieux, il existe de nombreuses propriétés de tradition familiale qui permettent de rencontrer d'authentiques vignerons et qui offrent des vins présentant un excellent rapport qualité-prix.

La Jurade

La Jurade (photo Jean-Bernard Nadeau).

Conseil municipal de la cité au Moyen Âge, la Jurade a été instituée par la « Charte de Falaise », signée par Jean sans Terre, duc d'Aquitaine et roi d'Angleterre, le 8 juillet 1199. Ensuite, en 1289, Édouard Ier étendit sa juridiction à toutes les paroisses correspondant à l'actuelle aire de l'appellation Saint-Émilion. Outre ses attributions administratives et judiciaires, elle avait pour mission de garantir la qualité des vins en apposant sa marque à feu « du vinetier » sur les barriques sortant de Saint-Émilion.

Disparue sous la Révolution, elle a revu le jour en 1948 sous la forme de confrérie vineuse ayant pour vocation de promouvoir les vins de l'appellation. Elle contribue aussi à l'animation de la ville en participant à des manifestations ou en les organisant.

Les vins de Saint-Émilion

Uniquement rouges, les vins de Saint-Émilion sont issus d'un assemblage de cépages, comme tous les bordeaux. Mais le merlot occupe une place dominante, en raison de sa parfaite adaptation au terroir. C'est lui qui donne une partie de sa personnalité au saint-émilion. Celui-ci se distingue par un goût à la fois fruité et tannique. Son équilibre et sa finesse lui permettent d'être apprécié assez jeune tout en se bonifiant et en s'arrondissant à la garde. Ce sont des vins que l'on peut garder sans problème plusieurs années : de six à huit ou dix pour tous les vins et beaucoup plus (de douze à quinze ans, voire vingt, vingt-cinq et au-delà) pour certains grands crus.

Les vins de Saint-Émilion présentent en effet une réelle diversité en fonction de la partie de l'appellation dont ils sont originaires. Ceux du plateau central et des côtes l'entourant sont les plus puissants : un peu fermes dans leur jeunesse, ils se montrent ensuite corsés et généreux. Également de belle garde, ceux venant des Graves proches de Pomerol se distinguent par leur équilibre entre la finesse et leur charpente. Enfin, les terrasses bordant la Dordogne donnent des vins de moins longue garde, mais très agréables dans leur jeunesse par leur côté aimable, souple et fruité.

Leur aptitude au vieillissement varie aussi avec les conditions climatiques des millésimes (voir encadré) : un vin d'une petite année devra être bu jeune, alors que celui d'un grand millésime demandera un peu plus de patience. Pour bien le conserver, il faudra le stocker dans un endroit à l'abri de la lumière et, surtout, des brusques écarts de température. D'une manière générale, les bouteilles portant la mention AOC Saint-Émilion seront de moins longue garde que ceux ayant droit à celle de Saint-Émilion grand cru.

Leur équilibre et leur caractère nuancé permet aux vins de Saint-Émilion de se marier avec de nombreux mets. Ils accompagnent avec bonheur les viandes rouges et certains fromages. Fait rare pour des rouges, ils peuvent aussi entrer dans la préparation de poissons cuisinés avec une sauce au vin. L'exemple le plus célèbre de cette alliance des goûts est, bien entendu, la lamproie à la bordelaise. En règle générale, on ouvrira une bouteille encore jeune sur des mets simples (charcuteries, pain de campagne, fromages tendres…) ou goûteux (gibiers ou sauces). Plus âgés et plus fondus, on les réservera pour des rôtis, gigots, volailles, viandes blanches, champignons, voire des fromages à pâte molle et à croûte lavée, comme le maroilles, que ne craindront pas et respecteront leurs tanins affinés. Mais ici, comme pour le vieillissement, chacun reste maître de son palais.

Photo Bertrand Cabrol.

Les millésimes récents

2009 : belle année, très prometteuse.
2008 : assez bonne année.
2007 : petite année avec beaucoup d'hétérogénéité selon les crus.
2006 : belle année avec de jolies réussites méritant un peu de patience.
2005 : belle année avec des vins riches, concentrés et de belle garde.
2004 : année moyenne avec des vins agréables mais pas de grande garde.
2003 : année moyenne et irrégulière selon les terroirs.
2002 : année faible aux vins un peu dilués.
2001 : belle année, très bien réussie et supérieure à 2000, mais injustement décriée.
2000 : belle année, mais à la réputation surfaite, due essentiellement aux trois zéros.
1999 : belle année avec des vins riches et pleins, sauf quand les viticulteurs ont vendangé trop tôt.
1998 : très belle année, un vrai millésime de référence.

Saint-Émilion pratique

Où s'informer ?
Pour préparer sa visite : office du tourisme de Saint-Émilion, place des Créneaux 33330 Saint-Émilion.
tél. 05 57 55 28 28
www.saint-emilion-tourisme.com
st-emilion-tourisme@wanadoo.fr
Pour en savoir plus sur les vins : Conseil des vins de Saint-Émilion BP 15 33330 Saint-Émilion.
tél. 05 57 55 50 50
www.vins-saint-emilion.com
info@vins-saint-emilion.com

Comment s'y rendre ?
En train : gare SNCF à Saint-Émilion (TER) mais éloignée du bourg ; gare de Libourne (TGV).
En avion : aéroport de Bordeaux-Mérignac.
Depuis Libourne : cars Trans-Gironde depuis la gare SNCF.
Depuis Bordeaux : cars Trans-Gironde. En été, un car direct part le matin depuis le centre de Bordeaux et revient le soir.

S'informer sur place
– pour organiser sa visite (prendre les billets pour la visite intérieure des monuments, connaître les châteaux du vin ouverts, etc.) à l'office du tourisme qui délivre les billets pour la visite des monuments souterrains.
– pour choisir et acheter ses vins, apprendre à déguster, etc. Maison du Vin de Saint-Émilion, place Pierre-Meyrat.

Se documenter
Sur la ville et son histoire
Axmann et Boisseau, *Explorer Saint-Émilion en une journée*, Librairie des Colporteurs, Saint-Émilion, 2009.
Querre et de Givry, *Saint-Émilion, quand les pierres parlent*, Georges Naef, Genève, 2005.

Sur les vins
Antoine Lebègue, *Guide des vignobles de Bordeaux. Vins, tourisme et patrimoine*, Éditions Sud Ouest, Bordeaux, 2004.
Collectif, *Guide Hachette des vins de France* (annuel).

Sommaire

L'auteur remercie pour leur aimable concours les directions et équipes de l'Office du Tourisme, du Conseil des Vins et du musée de la Poterie.

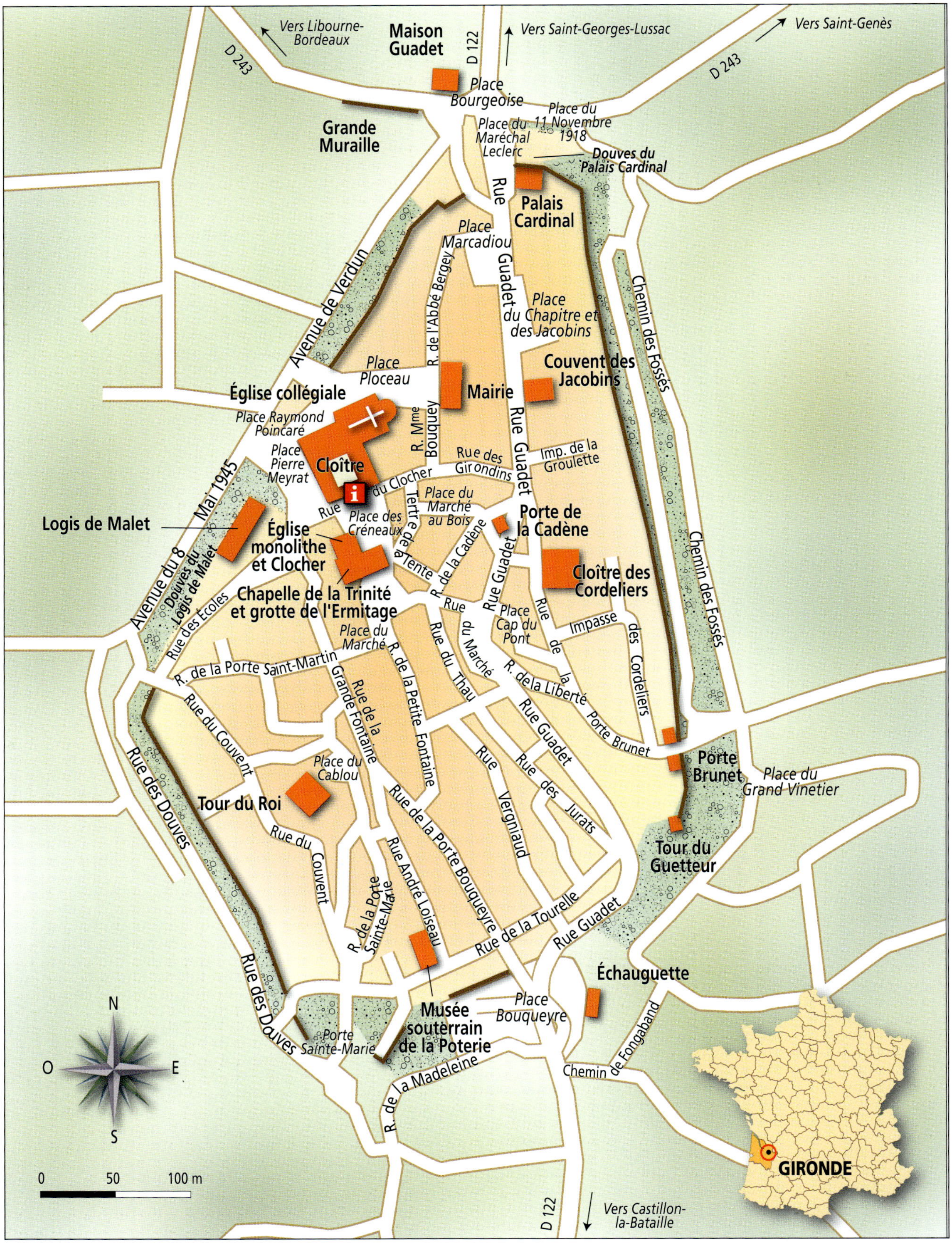

Carte Patrick Mérienne

Ce livre a été imprimé par Soler en Espagne. Photogravure de Labogravure Image à Bordeaux (33).
ISBN : 978-2-8177-0023-6 – Éditeur : 29857.02.03.10.12